AF337682

27
Ln
1976

PANÉGYRIQUE

DE

SAINT CLAUDE

CONFESSEUR PONTIFE,

Patron de la ville et du diocèse de Saint-Claude,

PRONONCÉ DANS L'ÉGLISE CATHÉDRALE,

EN LA SOLENNITÉ DE LA FÊTE DU SAINT,

Le 9 Juin 1868,

PAR M. L'ABBÉ CHÈRE,

DIRECTEUR AU SÉMINAIRE DE LONS-LE-SAUNIER.

LONS-LE-SAUNIER

IMPRIMERIE ET LITHOGRAPHIE DE GAUTHIER FRÈRES

1868

Notre intention, en faisant imprimer ce Panégyrique, a
été de satisfaire au désir qu'a daigné nous en exprimer à
plusieurs reprises Monseigneur Louis-Anne Nogret, le
vénéré et bien-aimé prélat qui gouverne ce diocèse. Aussi
lui en faisons-nous complètement hommage.

Il nous est agréable, en même temps, de pouvoir offrir ce
discours aux différentes personnes qui nous étaient désignées
à divers titres.

La *Vie des Saints de Franche-Comté*, par les professeurs
du collége Saint-François-Xavier de Besançon, nous a fourni
la plupart des faits qui composent la vie de saint Claude ou
qui servent à en éclairer l'histoire. Il y avait justice pour
nous à le déclarer et nous nous acquittons de ce devoir avec
reconnaissance. Cet ouvrage, honoré des plus hauts suffrages,
est éminemment propre à faire connaître et aimer les saints
de notre pays, outre qu'il nous rappelle, mieux que beaucoup d'autres, l'histoire de notre province.

Nous terminons par l'humble vœu que la lecture de ce
panégyrique puisse servir à accroître dans quelques âmes le
culte envers le patron de la ville et du diocèse de Saint-
Claude, en leur montrant ce qu'a été le grand saint qui résume à lui seul toutes les gloires de Condat.

Au Séminaire de Lons-le-Saunier, le 21 juillet 1868.

PANÉGYRIQUE

DE SAINT CLAUDE.

Qui se humiliat exaltabitur (Luc., xiv, 11).
Celui qui s'abaisse sera élevé.

MONSEIGNEUR (1),
   MES FRÈRES,

La gloire est dans l'Eglise le partage des humbles.
Dieu les traite avec magnificence, comme ses amis, et
se plaît à faire rejaillir sur eux quelque éclat de cette
splendeur qui appartient en propre à son divin fils, à
Celui qui est son Verbe infini, son Image substantielle,
et qui s'étant abaissé dans notre chair mortelle jusqu'aux
ignominies de la Croix, a mérité d'être éternellement
exalté dans cette même chair, à la droite du Père dans
les Cieux. Mais les humbles ne sont ainsi associés à la
gloire de Jésus-Christ le chef des saints, que parce qu'ils
ont pris part à ses humiliations, goûté ses abaissements

(1) Mgr Nogret, évêque de Saint-Claude.

et bu à son calice : Leur gloire, comme la sienne, jaillit toute entière de l'humilité : *Qui se humiliat exaltabitur.*

Or, mes frères, cette loi de la glorification des humbles, loi fondamentale de notre monde surnaturel, a brillé singulièrement dans saint Claude, le grand pontife et l'illustre abbé, dont la fête nous réunit aujourd'hui au pied des autels.

Saint Claude, en effet, a commencé sa vie dans la maison d'un patricien ; il l'a finie dans la solitude ; le milieu en a été occupé dans les fonctions ecclésiastiques : mais partout et toujours il a porté en lui et exprimé dans sa personne les abaissements sublimes du Divin Maître. Jeune patricien, il a vécu dans le siècle sans être épris de la gloire des hommes, n'aspirant qu'à se séparer du monde pour se donner tout entier à Dieu ; agrégé au chapitre d'une insigne Métropole, il s'y est tenu caché à l'ombre des autels : et on l'a vu, quand les dignités pouvaient le menacer, empressé à quitter l'Eglise pour le Cloître ; tiré malgré lui de son monastère pour être porté sur un trône d'évêque, il semble ne l'avoir occupé quelque temps qu'afin de donner au monde et à l'Eglise un dernier exemple d'humilité et le plus grand de tous, en quittant son siége pour venir mourir, simple abbé, dans sa cellule de moine (1).

La vie de saint Claude, sur la terre, n'a donc été qu'un divin progrès de l'humilité de Jésus-Christ en lui : Il s'est abaissé.

Mais attendez, le tour de la gloire viendra. Pour les saints, la gloire, à vrai dire, ne commence qu'après la

____

(1) Voir une Note à la fin du *Panégyrique.*

mort, encore que souvent elle leur fasse dès ici-bas une
de ces auréoles devant lesquelles pâlissent toutes les
gloires humaines. Saint Claude, pendant sa vie mortelle, avait bien pu se soustraire à la gloire ; mais Dieu,
au temps marqué dans ses conseils, la fit sortir éclatante de l'humble pierre de son sépulcre. Après saint
Martin, le grand thaumaturge des Gaules, et le saint le
plus longtemps populaire de notre pays, il n'en est
peut-être pas dont le tombeau ait été aussi glorieux que
celui de saint Claude. Dieu l'a exalté en proportion de
son humilité, de telle sorte qu'à chacun des divins
abaissements de sa vie mortelle correspondit un degré
nouveau de gloire dans l'Eglise. Il s'était abaissé : Dieu
l'a élevé ; *Qui se humiliat exaltabitur.*

Tel a été saint Claude, tel je voudrais le montrer à
vos yeux.

Je suis heureux d'avoir à louer ce grand saint, patron
de la cité épiscopale et de tout le diocèse, en présence
d'un pontife, ami de ses frères comme saint Claude,
hic est fratrum amator, et qui sait porter dans une âme
aussi bienveillante qu'elle est humble, la gloire de
l'épiscopat ; devant ce chapitre vénérable et tous ces
nombreux frères qui forment au pontife une si belle et
si riche couronne : au sein d'une cité fière à bon droit
des titres et des gloires de la Ville sainte du Jura, et qui
voit le premier magistrat du département, en ce moment au milieu d'elle, venir mêler aux siens les hom-
mages non moins spontanés que sincères de sa foi ; dans
cette cathédrale de saint Pierre qui rappelle les plus
antiques souvenirs de Condat; sous l'influence enfin de
ces reliques miraculeuses, publiquement exposées sur

les autels, et autour desquelles se groupent avec amour
les belles et religieuses familles de Saint-Claude et de
Saint-Lupicin.

Mais je n'ignore pas qu'il est difficile de louer les
saints. Priez Dieu, mes frères, de bénir mes paroles, afin
qu'elles ne soient pas trop indignes de celui dont nous
célébrons la mémoire. Demandons-le tous ensemble par
l'entremise de Marie, cette Vierge bénie, à qui son
humilité a mérité la gloire de devenir Mère de Dieu.

Ave Maria.

PREMIÈRE PARTIE.

LES ABAISSEMENTS DE LA VIE MORTELLE.

I

*Claudius, in Burgundiâ orientali, apud Salinenses,
nobili genere natus est. (Breviar.)*

Quand l'Eglise proclame devant l'assemblée sainte la
gloire des bienheureux inscrits à son martyrologe, ou
qu'elle retrace dans sa Liturgie le pieux abrégé de leur
vie héroïque, elle nomme et salue d'abord la terre qui
fut leur patrie, le peuple d'où ils sont sortis, la nation
dont ils demeurent le plus solide ornement. Or, mes
frères, la vie de saint Claude appartient toute entière à
la Séquanie, cette antique et fière province, aujourd'hui

notre Franche-Comté, qui tenait, dit Dunod (1), le premier rang dans les Gaules, lorsque Jules César en prit le commandement. Soumise avec le reste du pays par les Romains, un demi-siècle avant Jésus-Christ, elle devait, deux cents ans plus tard, recevoir de nouveau la loi de Rome. Mais cette fois, au lieu des aigles impériales, c'était l'étendard du Christ qui se déployait sur elle et qui lui apportait, avec le salut, la vie nouvelle des nations chrétiennes. Les Burgondes, vers le commencement du cinquième siècle, s'étant emparés des pays situés entre le Rhône et le Rhin, la Séquanie entra pour moitié dans le royaume auquel ils donnèrent leur nom et qui tombait, plus d'un siècle après, au pouvoir des Francs. On lui voit porter dès lors le nom de Haute-Bourgogne : et nous la trouvons divisée, au temps des Bourguignons comme sous les rois Francs, en cinq cantons ou régions. Celui du Scodingue, où se renferme tout d'abord la vie de saint Claude, comprenait Salins, Arbois, Poligny, Lons-le-Saunier, Orgelet, Moirans, et une partie de la terre de Condat ou Saint-Oyand-de-Joux. Il était gouverné par un patrice ou maire du palais, qui représentait le roi de Bourgogne et résidait ordinairement à Salins. Or c'est dans cette antique ville, honorée déjà du tombeau de saint Anatoile, et qui plus tard devait donner encore à Besançon dans le vénérable Hugues Ier, l'un de ses plus grands évêques, qu'une tradition constante place, au château de Bracon, le berceau de saint Claude. Il y naquit au commencement du septième siècle (2).

(1) Dunod, *Histoire des Séquanois et de la Province séquanoise*, p. 1.

(2) En 603, d'après Dunod, *Histoire de l'Eglise de Besançon*, tome Ier, p. 66. — Le P. Chifflet, cité dans la *Vie des Saints de Franche-Comté*, place cette même naissance en 607.

Salins avait alors pour préfet du Scodingue le patrice Claude, issu d'une de ces nobles familles gallo-romaines à qui les Francs, avant tout hommes de guerre, confiaient volontiers le soin de l'administration et du gouvernement civil. « C'était, au dire de Frédegaire, un « homme prudent, agréable en conversation, d'une « activité universelle, d'une patience infatigable ; il « était sage dans les conseils, constant dans les résolu- « tions, instruit dans la connaissance des lettres, plein « de fidélité et sachant gagner l'amitié de tout le « monde. (1). » Tel aurait été, selon l'opinion de nos historiens, le père de notre saint. Quoiqu'il en soit de cette origine, saint Claude, on ne le conteste pas, appartenait à une noble et illustre famille, et je le dis ici à la gloire du Dieu crucifié ; le serviteur devait être grand selon le monde, afin de mieux reproduire dans sa personne les abaissements du Maître.

Les évêques et les moines qui avaient illustré en si grand nombre, dès la fin du quatrième siècle, la Gaule devenue chrétienne, sortaient presque tous, comme saint Claude, de familles gallo-romaines. Ces fils de patriciens étaient préparés à un rôle aussi élevé par la forte éducation qu'ils recevaient et dont ils étaient redevables à l'Eglise. Luttant seule alors, pour répandre l'instruction, contre les obstacles d'un état social si différent du nôtre, on voyait l'Eglise ouvrir généreusement des écoles à tous, à l'ombre de ses cathédrales, sous le cloître des monastères et jusqu'auprès des modestes églises rurales.

(1) *Vie des Saints de Franche-Comté*, tome 1er, p. 257.

A quels maîtres habiles les parents du jeune Claude confièrent-ils leur fils, quand il eut reçu à la maison paternelle cette première éducation que rien ne supplée dans l'âme délicate de l'enfant : l'histoire de notre saint se tait à cet endroit. Nous savons seulement que de bonne heure, à l'exemple de Timothée, il fut formé à la science des Saintes Lettres. L'Esprit-Saint qui nous enseigne par l'Eglise est le même qui habite dans l'âme du chrétien et qui a parlé par les Prophètes. Il fait goûter au fidèle, dont le cœur se laisse pénétrer aux rayons de la lumière divine, la vérité de sa parole contenue dans les Saintes Écritures : et cette parole, sortie de la bouche de Dieu, devient aux enfants de l'Eglise l'aliment des solides et des forts. La lecture des ouvrages des saints Pères avait aussi pour le pieux jeune homme un charme particulier : et il puisait dans les Actes des Martyrs et la vie des Pères du désert ces exemples de vertu héroïque qui excitent si puissamment une âme généreuse à servir Jésus-Christ.

Nous pouvons heureusement ressaisir les principaux traits de cette jeune figure de saint. C'était, dans le fils du patrice Claude, une grande douceur de mœurs, jointe à beaucoup de prudence dans la conduite, et rehaussée par des manières affables qui lui gagnaient l'affection de tous. Une sainte pudeur reluisait dans tout son maintien : et l'on voyait resplendir en lui, comme autrefois dans Joseph, le fils béni de Jacob, cet éclat de beauté que prête seule à un corps mortel la fleur de la vertu. Il était de ceux qui ont reposé sur la poitrine du Maître ; et quand nous voulons chercher, aux époques plus rapprochées de nous, quelque saint de sa parenté,

François de Sales, l'aimable et saint évêque de Genève, s'offre tout d'abord à l'esprit.

Le pieux adolescent était la gloire du patrice du Scodingue. D'autre part, le monde s'offrait à lui sous son plus beau jour. Claude pouvait espérer une position brillante, dont il goûterait longtemps les avantages au sein d'une tranquille paix ; mais le monde, pour parler le langage de saint Grégoire, eût beau fleurir à ses yeux ; il était déjà fané dans son cœur (1).

C'est que chrétien, il avait reçu dans son baptême, non point l'esprit de ce monde, mais l'esprit qui est de Dieu et qui nous fait comprendre parfaitement les biens qu'il nous donne ; cet esprit dans lequel nous avons renoncé à Satan, à ses pompes et à ses œuvres, pour ne suivre que Jésus-Christ : *Non spiritum hujus mundi accepimus, sed spiritum qui ex Deo est, ut sciamus quæ à Deo donata sunt nobis* (2). Claude appartenait par cet esprit à la famille de Jésus-Christ. Du sein des grandeurs du siècle, son cœur le reportait souvent au milieu des siens, dans la pauvre maison de Marie à Nazareth. Il aimait à y contempler l'Homme-Dieu, passant dans l'atelier d'un artisan trente années de vie obscure ; à côté de Lui, cette douce Vierge, fille de David, qui cachait dans le secret de la face de son Dieu les gloires de sa maternité divine ; et Joseph, l'humble patriarche dont la gloire devait attendre des siècles à rayonner sur le monde : et de la pauvre maison de Nazareth s'exhalait dans l'âme de l'adolescent un par-

(1) S. Grég., *Homil.*, xviii.
(2) *I Cor.*, ii, 12.

fum de vie cachée, qui fermait son cœur aux attraits des vanités du monde.

De bonne heure aussi, nous aimons à nous le représenter dans la prière, communiquant avec certaines âmes de bienheureux qui l'élevaient à elles, ou plutôt à Dieu, par l'attrait de leur divine beauté et lui faisaient sentir une douce et secrète influence du Ciel. Vous la connaissez, mes frères, cette belle loi de la communion des âmes en Jésus-Christ. Le saint, dans l'extase de la gloire, n'oublie point son jeune frère de la terre : Dieu lui donne même de pouvoir contracter avec nous des liens d'une parenté ineffable, à laquelle on ne songe point sans se sentir ravi. Aussi quand l'âme de l'élu aura franchi les limites de ce monde, elle rencontrera en Dieu quelqu'une de ces âmes de bienheureux qui lui dira en la reconnaissant, et dans l'embrassement de la Charité divine : « Ma Sœur ! »

Quelles furent, pour le jeune prédestiné, ces âmes de saints, les amies et les sœurs de la sienne? Il ne me sera point difficile de vous le dire.

Sur la pente du mont Belin, à la place même où Hugues Ier édifia au onzième siècle la belle et somptueuse collégiale, aujourd'hui rendue par une heureuse restauration à sa splendeur première, s'élevait à Salins un oratoire vénéré, dédié à saint Symphorien, le jeune martyr d'Autun, et à la noble vierge de Sicile, Agathe. Un évêque, exilé ou pèlerin, passant un jour par ces lieux, s'était senti inspiré de planter près de cet oratoire la dernière tente de son pèlerinage : s'élançant de là, avec un désir de plus en plus ardent, vers la possession des tabernacles éternels, il y avait rendu sa belle âme à Dieu ; on l'avait enseveli dans la chapelle de saint Symphorien, et son tombeau était devenu glorieux.

Nul doute que le fils du patrice Claude n'allât souvent prier dans cette chapelle, objet de fréquents et pieux pèlerinages. Il y contemplait Symphorien, le noble et pur adolescent, vêtu de la robe de son martyre, éclatant de jeunesse et de beauté au sein de ce Dieu qui réjouit éternellement l'âme de ses saints. Agathe se levait à côté de Symphorien, dans cette blanche tunique de vierge qu'elle avait lavée dans le sang de l'Agneau : et tous deux montraient au jeune patricien une belle et odorante couronne où le lys de la virginité se mêlait à la rose du martyre. Puis c'était l'image du pontife Anatoile qui, comme un astre aux doux rayons, venait réjouir l'âme de Claude : il voyait le saint fuir le monde et dérober aux yeux des hommes jusqu'à la plus pure grandeur ; le bâton pastoral était là gisant aux pieds de l'évêque ; et sous le manteau de gloire de l'élu resplendissait seule la bure cachée du solitaire.

Qui pourrait dire l'émotion que cette image d'un monde supérieur versait dans le cœur du pieux jeune homme, à cet âge « où toute âme bien née aspire à tout ce qui « est grand, beau et fort, où elle se sent capable de « tous les courages, de tous les dévouements, de tous « les généreux entraînements. Du sein de cette jeu- « nesse, avec cette vigueur, cette élasticité morale (1) » qui sont la plénitude de la liberté, il prenait hardiment son vol vers des régions supérieures au monde où il habitait, il se sentait transporté vers la terre des anges,

____

(1) DE MONTALEMBERT, *Histoire des Moines d'Occident :* Introduction.

et buvait des lèvres du cœur à la fontaine de vie qui jaillit dans le paradis de la solitude.

Il aurait pu, tout en restant dans le monde, y vivre sans en être; usant de ce monde, selon le précepte de l'apôtre, comme n'en usant pas; ne se laissant point corrompre par sa gloire et le vainquant sur son propre champ de bataille : humble soldat dans cette armée nombreuse des fidèles, qui se maintiennent chrétiens et vrais disciples de Jésus-Christ au milieu du siècle.

Mais l'esprit de Jésus-Christ le poussait plus loin. Dieu qui voulait lui faire monter successivement tous les degrés de ses abaissements, l'appela à une première séparation d'avec le monde, en montrant à son âme généreuse les beautés d'une vie cachée à l'ombre des autels : jeune, riche et noble, à vingt ans, Claude donna son nom à la milice ecclésiastique.

II

Besançon, l'antique église de la Séquanie, avait alors saint Donat pour évêque : ce fut lui qui reçut le jeune patricien au nombre des clercs de sa métropole. Fils de Valdelène, duc ou gouverneur de la Haute-Bourgogne, à qui les prières d'un saint l'avaient obtenu de Dieu, moine et apôtre avant d'avoir été placé à la tête d'une église, Donat représentait la grandeur et la sainteté personnifiées dans l'évêque. Encore que chez lui la robe du pontife eût recouvert de son éclat l'humble tunique du religieux, il n'en avait pas moins conservé la vie austère et les habitudes régulières du moine, et se tenait parmi ses clercs comme au sein d'une communauté. On le voit, c'était dans un milieu de ferveur et de sainteté que Dieu appelait son élu.

Claude n'y arrivait point inconnu : le pontife ne pouvait ignorer quel riche trésor possédait la maison du patrice de Salins. Peut-être cette perle précieuse avait-elle déjà réjoui l'œil du prélat dans une de ses visites aux églises du Scodingue : le noble adolescent s'était ouvert à l'évêque de sa résolution de se donner à Dieu, et Donat, bénissant ces généreuses dispositions, avait encouragé la vocation de celui en qui il voyait d'avance un successeur dans la dignité épiscopale. C'est que le nom de Claude était en vénération dans la Séquanie : la famille du patrice avait donné à l'église de Besançon, en saint Claude Ier, un évêque qui l'avait gouvernée avec sagesse, et durant de longues années, pendant la première moitié du sixième siècle : et dans ce rejeton qui demandait à se consacrer aujourd'hui au service des autels, avaient germé, dès la première jeunesse, toutes les vertus qui faisaient la gloire de son illustre race. Pour Claude, il n'ambitionnait que de vivre saintement, modeste et retiré, au sein du chapitre de l'église métropolitaine.

Il y avait à Besançon deux cathédrales, unies entre elles par le mont Cœlius : l'une, au pied de la montagne, dédiée comme celle de Lyon, d'où nous sont venus saint Ferréol et saint Ferjeux, à l'apôtre saint Jean et au premier diacre et martyr saint Etienne ; l'autre, la basilique proprement dite de Saint-Etienne, occupant le sommet du Cœlius, où elle tint longtemps lieu d'unique citadelle de la ville : toutes deux également antiques et vénérables, et ne formant peut-être qu'un seul siége, une seule cathédrale de l'évêque : toutes deux enrichies par les précieuses reliques qui ont rendu si célèbre, dans notre province, le culte du premier martyr et valu à nos pères tant de grâces merveilleuses dont leur reconnaissance nous a transmis le souvenir.

Chacune des deux cathédrales avait son chapitre. Saint Claude fut-il agrégé au chapitre de Saint-Jean ; ou bien fit-il partie de la communauté de clercs qui desservaient la basilique de Saint-Etienne ? Il est impossible de le décider. Mais nous savons que les traditions de vie commune étaient anciennes parmi le clergé des deux églises. L'évêque saint Just, un instant réfugié, sous Julien, auprès de saint Eusèbe, l'instituteur en Occident de la vie commune pour les clercs, avait rapporté de son exil, à son clergé de l'église Saint-Jean, ces belles règles qui portèrent si haut la réputation des prêtres de l'église de Verceil. D'un autre côté, saint Fronime avait établi dans la basilique Saint-Etienne un chapitre régulier dont les membres portaient encore, au temps de saint Claude, le nom de frères ou de moines : et saint Donat, non content de donner à ses clercs l'exemple de la vie régulière la plus parfaite, venait d'adresser à ceux de Saint-Etienne un recueil de conseils où rien n'était négligé de tout ce qui pouvait accroître en eux l'amour de la discipline et rendre leur zèle toujours plus ardent pour le service de Dieu.

Nous connaissons cette insigne Eglise de Besançon où s'écouleront d'abord, pour saint Claude, douze années de vie parfaitement ecclésiastique. C'est là que, montant successivement les degrés de l'autel, il entra en participation de ce sacerdoce de Jésus-Christ, qui est dans les saints la dernière et complète immolation d'eux-mêmes à Dieu.

L'esprit du sacerdoce imprime au prêtre deux mouvements également saints et divins : l'un qui concentre son action au cœur même de l'Eglise pour y amasser, par ses prières et ses sacrifices unis au sang de l'Homme-Dieu, des trésors de satisfactions et de mérites réversibles sur les fidèles ; l'autre, qui le pousse à se répandre dans toutes les parties du corps mystique, afin de faire affluer jusqu'aux extrémités la vie de Jésus-Christ. Saint Claude obéit surtout au premier de ces mouvements ; il fût dans la famille sacerdotale l'homme de la prière et de la contemplation, plus que l'Apôtre. Dieu voulait en faire par sa modestie, son humilité et sa douceur, l'ornement du sanctuaire, et pour ses frères, la bonne odeur de Jésus-Christ. Si cette fleur, dirons-nous avec l'Eglise, avait pris une si belle croissance dans le sol aride et désert du siècle, le parfum de sainteté qu'elle exhala dans la maison du Seigneur, dès qu'elle y fut transplantée, se répandit partout d'une manière bien plus admirable encore (1).

Député pour offrir à Dieu la prière solennelle et se tenir tous les jours, avec ses frères, devant le trône de l'Agneau, le chanoine remplit un grand office dans l'Église de Dieu. Saint Claude le savait : aussi puisat-il beaucoup pour sa sanctification dans l'accomplissement parfait des devoirs de sa divine charge. A l'autel où il assistait le pontife Donat, nul ne s'acquittait avec

---

(1) Office de S. Pascal BAYLON, IIe Noct., 2e Lect.

un plus religieux respect des cérémonies saintes. Le rituel que saint Prothade venait de donner à son église, avait tout réglé et prévu : saint Claude apportait à l'étudier et à s'y conformer ce soin délicat du prêtre qui a l'amour des choses de Dieu et tient en singulière estime les moindres prescriptions de l'Eglise. Au chœur, son âme s'élevait merveilleusement à Dieu dans la divine psalmodie : elle ne sortait des pieux transports qu'excite en nous le chant sacré que pour se recueillir dans la contemplation des mystères, ou méditer à son aise les vérités saintes devenues plus lumineuses pour son intelligence.

Le jeune chanoine était de la sorte admirablement préparé à la lecture des divines Écritures : c'était avec la prière, son occupation unique. Elevé au-dessus des sens par la sobriété et la mortification, il vivait habituellement dans le sanctuaire le plus retiré de l'esprit et y vaquait avec fruit à l'étude de la divine sagesse. Après avoir écouté, en vrai disciple de Jésus-Christ, la leçon des maîtres qui étaient chargés d'initier les jeunes clercs à la connaissance des choses sacrées, il fit bientôt de tels progrès dans la science des Saints Livres, qu'à son tour il dût les expliquer aux autres. Le Seigneur l'avait rempli de l'esprit d'intelligence : et la parole de sagesse tombait de sa bouche, comme une pluie féconde, dans l'âme de ses auditeurs. Saint Claude, nous dit son légendaire, n'eut point d'égal dans toute la Haute-Bourgogne, pour l'étendue de sa science et la sagesse de ses leçons (1).

____

(1) *Vie des Saints de Franche-Comté*, tome 1er, p. 262.

Il eût été flatté, comme tant d'autres, de cette réputation de doctrine qui commençait à se répandre au loin, si l'humilité et l'amour de la vie cachée n'eussent grandi dans son âme du même coup que la science. Cette approche des honneurs, qu'il sentait toujours plus près de lui, enlevait désormais toute sécurité à sa solitude. Il devenait nécessaire, s'il voulait suivre l'Esprit qui l'avait poussé dans le sanctuaire, de faire un nouveau pas dans la voie des abaissements. C'est alors qu'il se résolut à quitter l'église pour le cloître.

A trente-deux ans, quand on est de famille patricienne, prêtre éminent par l'esprit autant que par les vertus, quitter le chapitre d'une insigne métropole pour aller s'ensevelir tout vivant dans l'obscure cellule du moine : voilà ce que le monde ne comprendra jamais. Volontiers il verrait dans une pareille détermination l'humeur d'un caractère bizarre, quelque secret désenchantement, le résultat d'une ambition trompée : tant il lui paraît folie, pour qui peut en jouir, de renoncer à de légitimes grandeurs.

C'est que, mes frères, le monde n'entend rien aux choses de Dieu. Les grands moines qui ont défriché les âmes de nos pères aussi bien que le sol de notre pays, étaient pour la plupart, comme saint Claude, des âmes virginales dont rien n'avait terni la pureté, ni amolli la trempe, des âmes que n'avait point touchées le siècle, et qui ne connaissaient qu'un seul amour, celui de Dieu et des hommes.

Pourquoi donc, me direz-vous, descendre à de tels abaissements ? Pourquoi s'humilier de la sorte sous le joug d'une perpétuelle obéissance ; pourquoi crucifier sa chair, se dépouiller de tout, vivre dans une absolue retraite ? Pourquoi, mes frères ? Ces chrétiens ont en eux le sang de Jésus-Christ ; et quand on est du sang de Jésus-Christ, on est poussé par son esprit ; et l'esprit de Jésus-Christ, c'est l'esprit d'humilité, l'esprit de crucifiement, l'esprit de pauvreté ; et nul ne peut être à Jésus-Christ, appartenir à son royaume, avoir droit à sa gloire, si quelques gouttes au moins de ce sang qui nous a rachetés, ne vient se mêler au sien pour guérir son orgueil, expier ses voluptés, le rendre humble, chaste et doux, détruire en lui le règne du péché pour y rétablir le règne de Dieu. Chez les saints, chez les vrais religieux, ce sang coule à pleines veines : dans cette glorieuse armée de Jésus-Christ qui ne compte que des braves, les moines sont les héros. Voudriez-vous donc qu'il n'y eût point de héros ? Mais mes frères, pour l'honneur de Jésus-Christ et le nôtre, il faut des héros dans l'Eglise de Dieu : le monde en a besoin pour secouer sa torpeur, exciter son courage, et parfois lui causer de saintes épouvantes à la vue de ce qu'il appelle des vertus. Aussi, grâce à Dieu, ils seront toujours nombreux parmi nous les chrétiens qui, voulant être parfaits, vendront tout ce qu'ils ont, le donneront aux pauvres, et suivront Jésus-Christ. Lacordaire a dit cette parole originale et vraie : « Les chênes et les moines sont éternels. »

III

Au septième siècle en particulier, la Haute-Bourgogne était couverte de monastères florissants. Tous, à divers titres, pouvaient se disputer l'honneur de recevoir le jeune chanoine qu'une vocation si généreuse poussait à la vie religieuse. C'était d'abord, au pied des Vosges, l'illustre abbaye de Luxeuil, fondée naguère par saint Colomban, ce moine à l'âme ardente et impétueuse qui s'était entendu dire, comme autrefois Abraham : « Sors de ton pays, de ta parenté et de ta famille », et abandonnant sa verte Irlande et son monastère de Bangor, était venu avec douze compagnons dans les Gaules y faire l'œuvre de Dieu. A Luxeuil avait été élevé Donat, l'enfant spirituel de Colomban ; et dans le moment où Claude songeait à exécuter ses pieux desseins, neuf cents moines y formaient, sous les ordres de Walbert, un chœur perpétuel d'où s'exhalait sans interruption, comme à Agaune, la louange de Dieu. Mais Luxeuil, à cette époque surtout, était l'école de l'Episcopat ; en s'y réfugiant, le fils du patrice Claude n'eût pas été à l'abri de ce qu'il fuyait.

Le monastère de Saint-Paul, que venait de fonder Donat, sur l'emplacement de l'ancien hôtel des gouverneurs de la Séquanie, offrait à un novice dévoré de la soif de la perfection la ferveur vierge d'une communauté naissante : pour le chanoine de Besançon, il avait l'inconvénient de ne point l'enlever à une ville où sa science et sa piété n'avaient déjà jeté que trop d'éclat. Saint Claude devait chercher ailleurs une solitude qui l'abritât contre la gloire.

En suivant la ligne des villes comprises dans la région du Scodingue, il trouvait non loin de Poligny, Silèze, cette terre défrichée, au commencement du sixième siècle, par un moine de race sénatoriale d'Autun, dont

elle a pieusement conservé le nom : à quelques lieues
de là, dans une vallée profonde encaissée entre de hautes
montagnes, Baume, l'humble source d'où devait sortir,
quatre siècles plus tard, ce grand fleuve de Cluny qui
couvrit toute la terre. Mais Dieu, dirigeant ailleurs son
pèlerin, l'emportait aux lieux mêmes où avait été allumé
le foyer de la vie monastique en Séquanie, vers une
terre bénie entre toutes et qui, déjà riche de plus de
deux siècles de sainteté et de gloire, allait recevoir de
Dieu la dernière et la plus haute consécration de sa
grandeur. Cette terre, l'honneur de la Séquanie, la
Thébaïde des Gaules, la citadelle de la religion, le paradis du Jura, je me sens ému en ce moment où il faut
prononcer son nom. C'est la vôtre, mes frères, la nôtre
à tous, enfants de cette Église ; saluons-la donc cette
terre prédestinée à de si grandes choses, la terre de
Romain, de Lupicin, d'Oyand, de Viventiole, la terre de
tant de saints abbés et moines, dont les os tressaillent
ici en nous entendant, nommons avec amour CONDAT.

Il y avait plus de deux cents ans qu'un noble Séquanais,
d'Isernore, nommé Romain, élevé au monastère d'Ai-
nay, près Lyon, avait le premier envahi cette solitude
creusée par le Créateur des mondes entre les sommets
escarpés des monts qui vous dominent : et là, « sous un
« énorme sapin dont les épais rameaux lui représen-
« taient le palmier qui servait de tente à l'ermite Paul
« dans les déserts de l'Egypte, » il avait jeté les fondements d'un monastère destiné à devenir, à la suite de
Ligugé, de saint Victor de Marseille, et de Lérins, l'un
des plus célèbres de tout l'Occident. Romain était venu
seul en ces lieux, emportant avec lui la Vie des Pères

du désert, quelques semences de légumes et des outils. Mais il portait Dieu dans son âme : et quand on a Dieu en soi, on a la force qui opère les grandes choses, la sainteté qui attire, la vie qui se communique et se donne. Lupicin, frère aîné de Romain, vint bientôt le rejoindre ; des âmes généreuses se réunirent autour d'eux : et Lauconne, qui a gardé le nom de saint Lupicin, s'éleva à côté de Condat, pendant qu'Iole, la sœur de Lupicin et de Romain, fondait un couvent de vierges sur ce plateau resserré et pittoresque qui domine la belle vallée de Molinges. La fécondité colonisatrice devint aussitôt le caractère manifeste de cette nouvelle république : et c'est même à propos de Condat et de ses fils « que les annales « monastiques emploient pour la première fois cette « image de l'essaim qui sort de la ruche, pour décrire « les colonies de moines qui sortaient de la maison « mère (1). »

La gloire de Condat n'avait point dégénéré pendant deux siècles. Quand l'humble chanoine qui était l'ornement du chapitre de Besançon y vint solliciter la dernière place, parmi les enfants de saint Romain, l'abbaye portait le nom de saint Oyand, le sixième de ses abbés, et celui qui fût avant saint Claude, le terme le plus pur de la gloire de Condat. Déjà, mes frères, vous habitiez cette terre. Attirés par la gloire du tombeau de saint Oyand, vos pères s'étaient fixés ici : ils trouvèrent qu'il faisait bon vivre sous la crosse de l'abbé, et obtinrent du monastère les terrains que vous occupez aujourd'hui. Votre industrie et celle de ces montagnes, cet art qui

_____

(1) De Montalembert, *Les Moines d'Occident*, tome 1er, livre 3.

soumet la racine du buis, avec toutes ses images capricieuses, à des formes si variées, remonte aux premiers religieux de Condat : témoin cette chaire épiscopale qu'avait tournée de ses propres mains le moine Viventiole, directeur de l'école du monastère sous saint Oyand, et qu'il envoya à l'archevêque de Vienne saint Avitus, son ami.

Vous attendiez de moi, mes frères, que je rappelasse toutes ces choses ; elles sont votre gloire comme celle de Condat. Nous avions besoin aussi de connaître cette abbaye de Saint-Oyand-de-Joux, où va se renfermer la vie de saint Claude.

Quittons un instant le monde, mes frères ; entrons dans le monastère avec notre saint, et suivons-le jusque dans sa pauvre cellule de religieux. La vie du moine est belle à contempler : c'est, comme on l'a si bien dit, la lutte permanente de la liberté morale contre les servitudes de la chair ; c'est l'effort constant de la volonté consacrée à la poursuite et à la conquête de la vertu chrétienne ; c'est l'essor victorieux de l'âme dans ces régions supérieures où elle retrouve sa vraie, son immortelle grandeur.

Saint Claude s'était retiré dans le cloître avant tout pour s'y ensevelir avec Jésus-Christ, pour y demeurer caché en Dieu, pour y vivre humble et petit dans la soumission et l'obéissance. Quoique de noble race, estimé de tous pour sa science et sa piété, élevé au-dessus des simples moines par l'ordre sacerdotal, il se regardait comme le dernier des frères. On le voyait prévenir jusqu'aux moindres désirs de l'abbé, porter avec amour le joug salutaire de la règle et se plier volontiers aux exigences nombreuses de la vie commune, vie si bien faite pour abattre l'orgueil, discipliner l'âme et établir la volonté dans le bien.

L'Écriture nous dit d'Élisée qu'il n'avait pour ameublement qu'un grabat, une table, un siége et un chandelier : nous n'en trouverons point d'autre dans la cellule de Claude ; et, plus austère que ce fils de prophète, qui n'acceptait de présents qu'un pain d'orge et un peu de froment, comme on en donnait aux pauvres, le fils du patrice du Scodingue, nous dit l'historien de sa vie, ne se « nourrissait que de racines : la pâleur de son visage et « la maigreur de son corps lui servaient d'ornements (1). C'était déjà la vie d'un ange dans un corps mortel.

Quand le religieux a ainsi triomphé de son âme par l'obéissance, de son corps par la mortification et du monde par la pauvreté volontaire, quand il a expié sa corruption native par une vie de redressement et de sacrifice, alors il se sent vraiment libre, il peut prendre son essor vers Dieu, sans que rien l'appesantisse et le fasse retomber vers la terre : la vie pour lui est à son plein épanouissement. Qui nous dira jusqu'où alla saint Claude sur les ailes de l'amour épuré par le sacrifice ! Les heures fuyaient rapidement dans ce doux commerce avec Dieu, qui remplissait la journée du moine. Il ne quittait le chant des psaumes et des hymnes sacrés, que pour revenir prolonger dans sa cellule une oraison commencée au chœur : ou bien il reprenait pour les méditer, dans la solitude de l'esprit, les saintes Écri-

____

(1) Cité dans la *Vie des Saints de Franche-Comté.*

tures qu'il avait psalmodiées dans la liturgie claustrale.

N'était-ce donc pas le paradis que cette retraite où le saint religieux jouissait sans partage de Dieu. Tout lui parlait de ce Dieu dont son âme était pleine, le silence des nuits, l'étoile du matin, la cime majestueuse, le torrent bondissant : la nature avait pour lui cette poésie que goûte si bien l'âme solitaire ; il l'admirait comme un reflet de la lumière et de la beauté de Dieu. Heureuse la vie du moine qui sait ainsi trouver Dieu dans l'entier dépouillement de tout ! Heureuse surtout celle du dernier des frères, qui vit modeste et oublié dans la tranquille obéissance ! Saint Claude eut souhaité ce partage des petits. Mais ses vertus le préparaient à son insu aux charges dont l'éloignait son humilité.

Le bienheureux abbé Injuriose s'était aperçu bien vite du riche trésor que possédait la communauté. Déjà accablé sous le poids de la vieillesse, il avait voulu de bonne heure se démettre de sa charge en faveur de l'élu du Seigneur, ou l'associer du moins au gouvernement de l'abbaye : l'humble moine fut inflexible, tant que vécut l'abbé. Il redoutait jusqu'à cette supériorité du cloître, que la règle cependant entoure de tant de précautions, pour la maintenir une charge sainte entre les mains du religieux. Mais après la mort d'Injuriose, il fallut céder devant le choix des frères qui le désignèrent pour abbé. Saint Claude avait trente-sept ans : il arrivait douzième abbé de Condat.

C'était un long et saint gouvernement que Dieu préparait au monastère. Le nouvel abbé, déjà consommé en sagesse, devait se montrer l'égal, par les vertus, des plus illustres d'entre ses prédécesseurs honorés tous du

titre de saint ou de bienheureux. A la discipline austère de Lupicin, il unissait la charité suave de Romain,
la science et la piété d'Oyand. Condat, au milieu du
relâchement qui commençait à gagner d'autres monastères, avait continué d'offrir l'exemple de la régularité
la plus édifiante : on y vit fleurir, sous saint Claude,
avec un éclat nouveau, les vertus qui sont l'ornement
du cloître et qui répandent au loin la bonne odeur de
Jésus-Christ.

Tous ces trésors de science et de piété qu'avait
amassés saint Claude, il les versait tous les jours dans
l'âme de ses frères. « Quand on est plein de Jésus-
« Christ, dit Bossuet, on l'est en même temps de cha-
« rité, d'une sainte vivacité, de grands sentiments (1). »
Celui-là seul qui a respiré le parfum d'un de ces suaves
asiles et qui sait la tendresse que met au cœur du moine
la sainte virginité, peut comprendre le rôle de charité de
l'abbé au sein de la famille monastique. Saint Claude
excellait particulièrement dans les entretiens spirituels,
où sa science, toujours plus profonde, des Écritures,
était d'un si grand profit pour les autres. On le voyait,
plein des lumières de l'oraison et consumé du feu de
l'Esprit-Saint, monter dans la chaire de l'abbé, et y dis-
tribuer à sa famille avide de l'entendre, une parole
admirablement préparée qui tombait du cœur plus
encore que des lèvres du moine. L'abbaye de Condat a
conservé longtemps un recueil des homélies que pro-
nonçait saint Claude : si le précieux manuscrit n'avait
péri, il nous serait doux d'y puiser aujourd'hui les ensei-

(1) *Elévations sur les Mystères*, xive semaine, 1re élév.

gnements et la doctrine qui produisirent de si heureux fruits dans les âmes.

Attirés par la réputation de science et de piété de l'abbé, un grand nombre de clercs du diocèse de Besançon et des églises voisines, ainsi que plusieurs jeunes gens appartenant aux familles nobles de la province, accoururent se mettre sous sa direction. Ce fût une époque de gloire et de prospérité pour le monastère. Plusieurs religieux s'élevèrent, à l'école du saint, aux plus hautes vertus du cloître : tout un peuple choisi se forma et grandit autour de lui. Il avait, selon la parole de l'Écriture, fleuri comme le palmier et s'était multiplié, semblable au cèdre du Liban : *Justus ut palma florebit; sicut Cedrus Libani multiplicabitur*.

Saint Claude était parvenu à la vieillesse : il avait déjà vécu de longues années au sein de sa famille monastique, de cette vie cachée et pénitente qui allait si bien à son humilité, lorsque Dieu résolut de placer un instant, sur le chandelier de son église, avant de la retirer du monde, cette lumière qui avait jusque-là réjoui et édifié le cloître. Cette fois c'était bien la gloire, une des plus saintes, mais aussi des plus hautes dans l'Eglise de Dieu, qui allait s'imposer au pauvre moine. Mais l'unité de sa vie n'en sera pas brisée. Dieu, nous l'avons déjà dit, ne l'élèvera quelque temps, qu'afin de lui permettre un troisième abaissement et le plus grand de tous, celui qui mettra le sceau à son humilité et en demeurera la consécration finale.

IV

La mort de l'évêque Gervais venait de laisser vacant le siége métropolitain de Besançon. Dans la situation difficile où se trouva le clergé, divisé sur le choix d'un successeur, les partis, obéissant tout à coup à une même inspiration, désignèrent d'une commune voix Claude, abbé de Condat, comme seul capable de maintenir les traditions de science, de discipline et de piété qui étaient la gloire de leur Eglise. Une députation, chargée de notifier à l'humble abbé son élection, lui fut envoyée à Salins, où la tradition rapporte qu'il était en ce moment.

C'est ici surtout que devait éclater l'humilité du saint prélat. Dieu l'appelait visiblement à l'épiscopat : y avait-il donc témérité à s'y engager, quand la volonté de Dieu s'était manifestée si clairement dans son élection; quand ces mêmes dignités ecclésiastiques, qu'il fuyait à trente-deux ans, le poursuivaient encore dans sa vieillesse et venaient le chercher jusque dans le cloître? Et puis, ne comptait-on pas, sur le siége de Besançon, presque autant de saints que d'évêques? Donat, ce grand pontife que Claude avait eu sous les yeux, s'était sanctifié à la tête d'une grande Eglise aussi bien qu'il l'eût fait dans son monastère; et chez lui, l'éclat de la mitre n'avait effacé en rien l'auréole de sainteté qui couronnait la tête du moine.

Ce raisonnement pouvait encore être celui d'une prudence chrétienne. Mais la sagesse des saints va plus

loin que la nôtre : et l'humble abbé de Condat résista
longtemps, avant 'de se rendre aux premiers signes de
la vocation divine. De l'office de l'évêque, il eut pris
volontiers et les peines et les labeurs ; mais il croyait
sincèrement à son indignité : et puis l'épiscopat le faisait trembler. C'est que, mes frères, les saints s'étudient
et se connaissent autrement que nous. Tous les jours,
ils se considèrent à la lumière de l'infinie sainteté : et la
vue en eux de ce fonds d'indigence et de cette nature
de péché leur arrache des cris qui ne nous étonnent
tant, que parce que nous ne connaissons ni Dieu ni
l'homme. Fidèles à un même esprit, qui est l'esprit de
Jésus-Christ, les âmes vraiment chrétiennes verront
toujours dans la gloire un des plus redoutables écueils
de la sainteté, et sauront s'en garder comme d'un ennemi. Témoin ce moine, l'homme le plus éloquent de
notre siècle et qui, mis face à face avec la gloire un
jour où son talent lui avait ménagé un éclatant triomphe,
disait à ses amis, abattu et tremblant : *J'ai peur !* Il
avait peur, mes frères, peur de la gloire, et il avait
raison ; il faut en avoir peur pour la porter dignement.
Quand les saints la boivent à la source, dans la patrie,
et qu'à la claire vue de l'essence divine, ils ne contem-
plent plus que le don de Dieu en eux, alors ils peuvent
se regarder dans tout l'éclat de leur beauté ; mais ce
sera pour crier à toute créature : Oh ! voyez donc ce
que Dieu a opéré en nous, louez-le ce grand Dieu, glo-
rifiez-le dans ses créatures ! Au Ciel, ils sont à l'abri
des atteintes de cette folie criminelle, qui n'est autre
que l'adoration de soi, et qu'on nomme l'orgueil ; mais
tant que le chrétien est sur la terre, renfermé dans ce

corps mortel, il y a toujours en lui, à côté du sang de Jésus-Christ, un reste du sang de nos premiers parents qui se complurent dans cette parole de l'Ange : « Vous « serez comme des dieux ! » Notre nature est bien celle-là que Lucifer a entraînée dans sa chute : Lucifer, l'astre le plus beau du ciel, qui se détacha du firmament céleste et tomba dans l'abîme, parce qu'il avait dit dans son cœur, enflé de sa gloire : « Je serai sem- « blable au Très-Haut ! »

Laissez donc, mes frères, laissez l'humble abbé trembler devant cette dignité du Pontife, qui fait l'homme ici-bas semblable au Fils de Dieu, héritier de son sacerdoce et prince dans son Eglise : c'est le mouvement de la grâce de Dieu en lui. Laissez-le tout entier à la considération de sa faiblesse : cette faiblesse va devenir sa force, car le saint n'est jamais plus près d'opérer de grandes choses que quand la vue de son impuissance le renverse et l'abat : c'est alors qu'il se relève plein de la vertu même de Dieu, prêt à tout, instrument merveilleux dans les mains de la Providence.

Ainsi il arriva pour saint Claude, quand il eut reconnu que Dieu exigeait de lui qu'il quittât sa retraite et s'arrachât dans la vieillesse à sa famille religieuse, pour accepter le gouvernement d'une grande Eglise. Voulut-il revoir, avant de gagner sa ville épiscopale, sa chère solitude de Condat : et, comme on le raconte de Pierre de Blois (1), s'arrêta-t-il sept fois, en s'éloignant d'elle, pour regarder en arrière et contempler encore ce lieu où il avait été si heureux. Son histoire ne le dit pas.

____

(1) DE MONTALEMBERT, *Les Moines d'Occident* : Introduction.

Pour l'Eglise de Besançon, les jours de son veuvage avaient pris fin. Un matin, les portes de la cathédrale s'ouvrirent; on vit la basilique de saint Jean et de saint Étienne, parée avec l'éclat d'une fiancée, se remplir de la multitude des fidèles accourus pour saluer celui qu'une institution légitime avait établi leur Pasteur. Et voilà que se montre, au milieu de l'émotion, de l'attente de tous, un humble moine, déjà courbé sous le poids de l'âge, mais plein de la majesté sereine du vieillard, et exhalant par toute sa personne la sainte austérité du Cloître : il monte à l'autel où l'attendaient les pontifes. Le consécrateur, au milieu des prières, répandit sur sa tête l'huile de l'onction divine qui lui communiqua, avec l'imposition des mains de l'Épiscopat, la plénitude du sacerdoce : et Dieu le montra à son peuple, dans tout l'éclat du pontife, assis sur le trône qu'il lui avait préparé, vêtu de la robe de gloire, couronné de la mitre précieuse : aucun n'avait paru plus grand sur ce siége illustré par tant de vertus, et tous remercièrent Dieu qui, cette fois encore, avait donné un saint pour évêque à l'Eglise de Besançon.

L'attente du peuple ne fut point trompée ; il devait voir briller dans l'Oint du Seigneur, à côté des hautes vertus du moine, toutes les qualités qui font le pasteur selon le cœur de Dieu. Rien ne fut changé, peut-on dire, dans les habitudes de l'abbé. Saint Claude vivait au milieu de ses clercs comme dans son monastère de Condat.

Toutefois cette régularité du cloître ne fit jamais rien sacrifier au prélat de l'accomplissement des devoirs de sa charge; et saint Claude demeure dans l'histoire une grande et belle figure d'évêque. Chez lui, le trait distinctif est toujours cette bonté qui charmait déjà dans le jeune fils du patrice du Scodingue, et coulait comme de source de l'âme de l'abbé : mais l'onction épiscopale lui avait communiqué dans le vieillard, je ne sais quoi d'achevé et de saint qui révélait à tous une paternité divine. A l'image de son divin Maître, le pasteur accueillait surtout les pauvres, les petits et les humbles. Il aimait, dans ses visites à son troupeau, à jeter partout le bon grain de la parole divine, et toujours il savait trouver dans les saintes Lettres, dont il était rempli, des trésors pour enrichir ses enfants. La confiance des fidèles, plus encore que son titre d'évêque, l'établissait souvent le juge des contestations : on aimait alors à retrouver dans saint Claude la justice éclairée des patrices de sa race, tempérée par cet esprit de bonté qui adoucissait toujours en lui la sévérité de la loi.

L'église de Besançon se réjouissait à cette belle lumière dont elle espérait bien que le splendide coucher serait pour elle. Mais saint Claude était resté abbé de Condat, et sa pensée le reportait souvent vers cette pauvre cellule à laquelle on l'avait violemment arraché, pour lui imposer le fardeau d'une grande église. Après sept ans d'épiscopat, soit qu'il s'aperçut que la main d'un vieillard était désormais trop faible pour le gouvernement d'un aussi vaste diocèse ; soit que, comme le rapporte son biographe, il ait vu avec douleur le relâchement s'introduire, malgré ses efforts, dans le clergé de Besançon, il se dit qu'il ferait bon mourir dans ce nid de la solitude où son âme n'aurait plus vue que sur le Ciel. Comme le pontife Anatoile, il laissa donc tomber de ses mains le bâton pastoral : et, le cœur joyeux, s'en revint à son cher monastère de Condat, appuyant sur la seule crosse de l'abbé une vieillesse déchargée du poids de l'épiscopat. C'était le dernier et le plus sublime de ses abaissements. Dieu l'avait fait asseoir un instant sur ce trône de l'épiscopat, afin de mieux le conformer à l'image de son Divin Fils qui du Ciel est descendu en terre pour nous, dans le sein de la Vierge Marie.

Les dernières années de saint Claude à Condat furent celles du patriarche dont la tranquille vieillesse est honorée de la nombreuse postérité de ses fils. Il avait accompli tout ce que le Seigneur lui avait chargé d'entreprendre. Parvenu au soir de la vie, il se leva content à cette parole du Dieu qui appelle. « Et maintenant, entre dans mon repos » *Ingredere in requiem meam.*

Si la vie des saints, mes frères, est belle à contempler, plus grand encore et plus touchant se présente le spectacle de leur mort. Lisez dans la Genèse le récit des derniers moments du patriarche Jacob : quelle religieuse paix autour de sa couche ! Il a appelé ses enfants, les enfants de Jacob, leur a annoncé ce qui devait leur arriver dans les derniers temps, a béni chacun d'eux en leur donnant les bénédictions qui leur étaient propres, et, dit l'Écriture, « il joignit ses pieds sur son lit, et « mourut ; et il fut réuni avec son peuple (1). » Ainsi meurent les saints de l'Ancienne Loi. La mort des grands chrétiens, aussi calme, offre quelque chose de plus héroïque ; ils ont sur les patriarches l'avantage d'avoir

____

(1) Gen., xlix, 30.

vu mourir le Christ. Saint Benoît, après avoir reçu le saint Viatique à l'église, soutenu par ses disciples, mourut debout, au bord de la fosse ouverte, mais au pied de l'autel et les bras étendus vers le Ciel, murmurant une dernière prière. Mourir debout ! c'est bien la forte et victorieuse mort d'un grand soldat de Dieu. Celle de saint Amateur, évêque d'Auxerre, rappelle le pontife : il se fit porter à l'église et voulut mourir dans sa chaire épiscopale. Le trappiste, lui, meurt sur la cendre, dans la posture du combattant : saint Jean de Dieu, quand il voulut aller à son Créateur, se leva de son lit, et à genoux, embrassant Jésus crucifié, expira dans ce baiser.

Nous trouvons toutes ces beautés réunies dans la mort de saint Claude. S'étant senti atteint de cette faiblesse qui annonce au vieillard que la vie s'en va, comme le patriarche Jacob il assembla tous ses enfants, leur parla d'une manière admirable de l'amour de Dieu, et voyant couler leurs larmes, leur donna à tous le baiser de paix : puis il les fit sortir de sa cellule et passa toute la nuit à prier. Le matin, il se fit conduire à l'église afin d'y recevoir son Dieu et de se faire oindre de l'huile sainte pour le dernier combat. Rentré dans sa cellule, il dicta ses dernières volontés : et le cinquième jour de sa maladie, à l'heure où expira le Sauveur des hommes, « tandis qu'il était appuyé sur le siége où il avait cou- « tume de lire et de prier, il leva les mains et les yeux « vers le Ciel et s'endormit doucement dans le Seigneur. « C'était le sixième jour de juin et (comme on le croit « communément), l'an 699, la quatrième année du « règne de Childebert III (1). »

____

(1) *Vie des Saints de Franche-Comté*, tome Iᵉʳ, p. 271.

Le testament du saint abbé fut celui de l'humilité : il avait ordonné à ses disciples de l'inhumer sans éclat, vérifiant jusqu'au bout cette parole en laquelle se résume toute sa vie : il s'est humilié.

DEUXIÈME PARTIE.

LA GLOIRE APRÈS LA MORT.

I

Saint Claude, pendant sa vie mortelle, s'était abaissé : c'est maintenant à Dieu de l'exalter en proportion de ses abaissements et de son humilité.

Cette glorification des humbles n'est point retardée d'un instant pour ceux qui arrivent entièrement purifiés au regard de la sainteté infinie : elle se fait aussitôt après leur mort, au sein des clartés mêmes de Dieu, dans cette assemblée des bienheureux que Jésus-Christ a admis à s'asseoir avec lui sur son trône. Toutefois, c'est pour nous un spectacle caché : à moins que de cette nuée de gloire Dieu ne laisse tomber sur la terre quelques rayons révélateurs qui rendent manifeste le triomphe de l'âme prédestinée, invitent l'église militante à s'associer aux actions de grâces et aux louanges du Ciel, et lui montrent dans l'ami de Dieu un nouveau protecteur et un modèle. Ainsi il arrive pour ces élus privilégiés que nous appelons les saints ; ainsi Dieu l'opérera pour l'humble abbé de Condat.

Le dernier vœu de sa vie avait été accompli : on l'avait inhumé sans pompe, dans un sépulcre modeste. Mais Dieu, par un éclatant contraste destiné à rehausser d'autant son humilité, lui avait préparé un sépulcre glorieux.

Un sépulcre glorieux, mes frères, ce n'est point un de ces mausolées fastueux où l'art le dispute à la richesse, un de ces monuments superbes faits pour étonner l'homme et chargés de perpétuer, jusqu'aux âges les plus reculés, le nom de celui dont ils recouvrent la cendre. Voilà plus de quatre mille ans que les pyramides d'Egypte jettent au temps leur audacieux défi : aujourd'hui le monument seul a un nom. Que fait, dites-moi, le nom de Rhamsès II, à l'Arabe insouciant ou au voyageur curieux qui plante un instant sa tente à l'ombre de son colossal sépulcre ? Allez à Ars ; vous trouverez dans l'église d'un pauvre village, à toutes les heures du jour, des pèlerins agenouillés sur une pierre sépulcrale, qui n'est point faite pour attirer le voyageur ; et pourtant cette pierre est déjà un tombeau glorieux. C'est qu'il y a là, sous cette tombe, des restes vénérés, des ossements pleins de vertus, d'où s'exhale un parfum de sainteté, un arôme d'incorruptibilité et de vie, et devant lesquels la prière sort confiante de l'âme du fidèle, assuré d'être puissamment aidé auprès de Jésus-Christ.

Or, mes frères, le tombeau de saint Claude devait être, entre tous, un tombeau glorieux. Toutefois, encore que la mémoire de l'abbé de Condat fût demeurée en vénération parmi les hommes, et qu'on trouve son nom inscrit dès le neuvième siècle au martyrologe de Raban-Maur, il faut aller jusqu'au milieu du douzième siècle, avant que la gloire se lève sur son sépulcre. Mais Dieu, pendant ce temps, la préparait dans le silence du tombeau, en conservant entier et sans corruption le corps du bienheureux.

Vous le savez, mes frères, nos corps ressusciteront au dernier jour. Jésus-Christ notre Chef est ressuscité ; et nous, ses membres, nous ressusciterons. Bien plus, nous sommes déjà ressuscités ; la résurrection, pour n'être pas effectuée dans les membres, n'en est pas moins opérée dans le Chef. En attendant cette rédemption finale qui doit compléter la gloire des élus et associer à la récompense ce corps qui a été ici-bas à la peine, ce qui reste, même dans l'homme régénéré, de la chair du péché, retourne en poussière et devient ce quelque chose qui n'a plus de nom dans les langues humaines. C'est la loi inexorable de la justice divine contre le genre humain tombé en Adam. Dieu n'en dispense pas même ses plus grands amis : Marie seule, préservée de la tache originelle, a vu son corps, après sa bienheureuse mort, soustrait aux atteintes du tombeau, et revêtu sans délai de cette gloire si bien due à l'incomparable Mère du Rédempteur. Ces corps des saints qui ont été des vases si purs de toutes les vertus, la mort les défigurera, les altérera et détruira : nous pourrons enchâsser leurs restes vénérés dans l'or et les pierreries, les envelopper de soie et d'étoffes précieuses, nous ne baiserons ordinairement que des ossements desséchés.

Cependant, mes frères, on voit Dieu suspendre quelquefois pour un temps, vis à vis de ses saints, quelques-uns des ravages de l'impitoyable mort. Ainsi, pour n'en citer que quelques exemples, quand plus de trois cents ans après la mort de saint Jean Népomucène, on fit la reconnaissance juridique du corps du martyr, cette langue, qui s'était refusée à trahir le secret sacramentel, fut trouvée intègre et conservant sa carnation naturelle ; la main droite de saint Étienne de Hongrie qui avait versé tant d'aumônes dans le sein des pauvres, demeura sans corruption longtemps après la dissolution de tout le reste du corps : Viterbe vénère depuis des siècles le corps de sa sainte Rose, préservé tout entier de la corruption. Ce que Dieu fait ainsi pour de rares serviteurs, il l'a opéré merveilleusement dans l'humble abbé de Condat.

C'est vers 1160, près de cinq siècles après la mort de saint Claude, que fut constatée, pour la première fois, la conservation intègre de son bienheureux corps. L'abbaye avait dégénéré de son antique piété, au milieu des querelles qui troublèrent l'Église dans le douzième siècle, et saint Bernard avait pu écrire au pape Eugène III : « Le noble monastère de Saint-Oyand, autrefois si fameux par ses richesses et sa religion, est sur le point de périr (1). » Heureusement, les Anges de Condat veillaient : Dieu ne demeura point sourd aux supplications de tant d'âmes qui s'étaient sanctifiées dans ce saint lieu : il avait choisi ce moment pour faire éclater, en faveur du monastère, la gloire de son serviteur saint Claude.

---

(1) **Lettre 291e, citée** dans la *Vie des Saints de Franche-Comté.*

Aymon, homme simple et modeste, fut substitué par le pape Alexandre III à l'indigne abbé Adon qui avait dispersé les religieux et ruiné le monastère. Voulant à tout prix rétablir la communauté et y faire fleurir les anciennes vertus monastiques, il eut la pensée de relever de terre, pour l'exposer à la vénération publique, le corps du bienheureux Claude, auquel on n'avait rendu jusque-là qu'un culte ordinaire dans l'abbaye de Saint-Oyand. L'ouverture du tombeau se fit en présence d'un grand nombre de prêtres accourus à cette cérémonie. On trouva le corps entier et sans corruption ; et Dieu, dans cette circonstance, ayant accordé plusieurs grâces miraculeuses à la confiance des fidèles, le culte de saint Claude s'en accrut extraordinairement et ne fit plus que grandir dans l'Église.

Ce prodige de la conservation entière du corps de saint Claude a duré, vous le savez, jusqu'à la fin du dernier siècle, époque à laquelle des mains sacriléges consommèrent sur les reliques insignes cet attentat impie qu'il est si douloureux de rappeler : on a pu constater durant tout ce temps le fait merveilleux, avec les circonstances qui le rendaient naturellement inexplicable. Trois fois le jour, un des côtés de la châsse était ouvert et l'on permettait à tous les fidèles de baiser à nu la plante des pieds du bienheureux ; les pèlerins illustres obtenaient qu'on leur découvrît une plus grande partie du corps : il leur était loisible de le contempler et de le toucher à leur aise ; pour les princes, on tirait le saint de sa châsse. En 1754, lors de la dernière translation solennelle, la châsse fut ouverte en présence de Monseigneur Méallet de Fargues, et d'une commission dans laquelle

on comptait, avec les notables de la cité, plusieurs médecins : l'incorruptibilité du saint corps fut constatée une fois de plus. Il était encore entier, palpable et élastique dans toutes ses parties, et la langue fut trouvée vermeille. On s'assura qu'il n'y avait ni suture, ni ouverture faite sur le corps, et que rien ne pouvait faire soupçonner un embaumement. Aussi les médecins déclarèrent-ils que « l'incorruptibilité de ce corps pen-
« dant près de douze siècles étant au-dessus de la con-
« ception de leur art, ils ne pouvaient la contempler
« qu'avec admiration, comme surnaturelle et miracu-
« leuse (1.) »

Telle a été pour saint Claude la première des gloires de son sépulcre. La seconde, la plus éclatante de toutes, consiste dans les nombreux miracles opérés par son intercession.

II

Quand le Seigneur envoya Moïse à Pharaon, avec la mission de lui intimer les ordres de Dieu et le pouvoir de commander en maître à la nature : « Je vous ai
« établi, lui dit-il, le Dieu de Pharaon. » C'est qu'en effet, mes frères, la vertu miraculeuse communiquée à un homme, fait en quelque sorte de celui-ci un Dieu ; les œuvres qu'il opère sont les œuvres du Père ; encore qu'il ne soit que l'instrument du Très-Haut, la gloire

____

(1) Les procès-verbaux relatifs à cette reconnaissance authentique sont conservés à Saint-Claude.

de Dieu le couvre, et l'humanité, avec raison, a toujours
vu dans le thaumaturge la plus haute représentation
de la Grandeur et de la Majesté divines parmi les
hommes. Il ne paraît point que le don des miracles ait
été signalé en saint Claude pendant les jours de sa vie
mortelle. Dieu, qui lui avait permis de vivre caché
dans la solitude et d'y mourir, lui épargna la gloire qui
s'attache à la puissance miraculeuse. Mais cette gloire,
depuis la découverte de son corps incorruptible, rayonna
avec une splendeur croissante de son tombeau.

Elle commença à briller vers 1172. Saint Pierre de
Tarentaise, un des prélats les plus célèbres de son siècle,
et, après saint Bernard, la lumière la plus éclatante de
l'Ordre de Citaux, se trouvait alors au monastère de
Saint-Oyand où il séjourna deux mois entiers. Attirés
par sa haute réputation de sainteté, les peuples venaient
en foule à lui, afin d'en obtenir des grâces spirituelles
et corporelles. Malgré les précautions prises par les religieux pour prévenir les accidents, un jeune homme
fut étouffé et mourut près de la sacristie. Saint Pierre
accourt, prend le mort entre ses bras, le porte auprès
du corps de saint Claude et obtient du grand serviteur
de Dieu, qu'il a prié avec foi, la résurrection du jeune
homme qui se relève plein de santé et de vie. La
nouvelle du prodige se répandit au loin : on vit s'en
accroître la dévotion envers saint Claude, et les miracles obtenus par l'intercession de l'ami de Dieu devenir
tous les jours plus nombreux.

Alors les religieux, pour relever leur église et rendre
quelque prospérité à l'abbaye déchue, se sentirent ins-
pirés de porter en différents pays les reliques de leur

saint abbé : elles réveilleraient la foi parmi les populations et attireraient d'abondantes aumônes au monastère. C'était, mes frères, un magnifique triomphe, une
prise de possession solennelle de toute la Haute-Bourgogne que Dieu préparait à son serviteur. Les moines
chargèrent donc sur leurs épaules le précieux fardeau
et, comme les lévites quand ils portaient l'Arche sainte,
ils s'en allèrent chantant partout des cantiques et des
hymnes à la louange de Dieu et de son serviteur saint
Claude. Ils s'arrêtaient dans ces antiques villes du Scodingue, autrefois soumises au patrice Claude et gou-
vernées par le saint pontife, qui les visitait aujourd'hui
dans la gloire : les populations en foule accouraient
prier devant les saintes reliques, et partout la foi des
fidèles obtint des grâces signalées. A Arbois, en particulier, où le corps du bienheureux demeura plus longtemps exposé dans l'église Saint-Just, il y eut de nombreux et éclatants miracles. Une femme, percluse de
tous ses membres depuis trois ans, en recouvrit subite-
ment l'usage ; on y vit un épileptique de Saint-Aubin,
nommé André, guérir des accès furieux qui l'agitaient ;
Dieu y rendit la vue à une femme de Besançon, aveugle
depuis vingt ans, et qui avait supplié ses parents de la
conduire auprès de la châsse vénérée ; une victime du
vice y est frappée d'une sorte de vertige : ses yeux se
ferment à la lumière et ils ne se rouvrent, au bout de
plusieurs jours, que quand le sacrement l'a eu purifiée
de ses fautes. Les religieux transportèrent aussi le corps
de leur saint abbé à Lyon, en s'arrêtant quelque temps
sur leur route dans un monastère situé près de Saint-
Amour. Quand ils rentrèrent dans la ville du Jura, la

gloire du saint thaumaturge était établie : et vous savez la suite de miracles qui ont rendu le pèlerinage de Saint-Claude un des plus célèbres de l'Occident.

On ne peut nier raisonnablement, mes frères, le grand nombre des miracles attribués à saint Claude (1), et quelques-uns sont environnés de circonstances telles, qu'ils défient la plus sévère critique. Le premier de ceux que nous avons rappelés, la résurrection du jeune homme étouffé par la foule, a eu pour témoin et pour acteur principal un des plus illustres évêques de ces temps-là, saint Pierre de Tarentaise, qui aimait à le raconter dans les instructions qu'il faisait au peuple. Guillaume de Sure, archevêque de Lyon, avait reconnu les nombreux prodiges opérés par saint Claude, quand il statua, en 1338, que sa fête serait célébrée dans toute l'étendue de son diocèse, et que ce jour serait chômé. Peu après, la guérison subite auprès des saintes reliques d'une femme de Lyon, qui avait la main gauche desséchée et dont l'infirmité était connue de beaucoup de personnes, fit élever la fête de saint Claude, dans tout le Lyonnais, au rite solennel ; comme un autre miracle insigne, opéré sur une jeune fille de Morbier, devait amener, en 1440, l'archevêque de Besançon à décréter la fête de saint Claude de rite double dans son

---

(1) Le récit en a été régulièrement transmis dans des relations du temps, dont plusieurs sont imprimées avec les *Deux Vies du Saint*, dans Bollandus. Un antiphonaire de 1234, conservé dans les archives de la préfecture du Jura, contient la relation des miracles de l'ami de Dieu : et l'on a gardé, jusqu'au siècle dernier, au monastère de Saint-Claude, les volumes manuscrits où étaient consignés les miracles du bienheureux. — Voyez Dunod, *Histoire de l'Eglise de Besançon*, tome 1er, p. 69 ; et la *Vie des Saints de Franche-Comté*, tome 1er, p. 276.

diocèse. Chacun sait que saint François de Sales, cet esprit d'un discernement si sûr, n'hésitait pas, dans ses conférences et instructions, à apporter les miracles de saint Claude en témoignage de la divinité de l'Eglise. Nous lui voyons citer en particulier la grâce obtenue au tombeau du bienheureux par Jacques de Belmont, lequel, muet et impotent pendant huit années, se trouva soudainement guéri, après avoir fait sa dévotion en l'église de Saint-Claude, le jour même de sa fête, le 8 juin 1588. « Je parle de choses voisines, disait le « saint ; j'ai lu l'acte public, j'ai parlé au notaire qui « l'a reçu et expédié, bien et dûment signé. Il n'y « manque pas de témoins, car il y avait un nombre de « peuples à milliades (1). »

Mais, me demanderez-vous, pourquoi donc les miracles, si multipliés du temps de nos pères, deviennent-ils tous les jours plus rares parmi les hommes? Demandez plutôt, mes frères, pourquoi la foi a tant baissé dans certaines âmes, et comment, dans d'autres, elle est malheureusement éteinte. Le miracle, c'est Dieu se montrant et intervenant visiblement, en dehors de l'ordre des choses crées, pour aider ou récompenser la foi de ceux qui croient en lui. Il ne s'accorde qu'à la Foi : et, de son côté, la Foi seule demande des miracles à Dieu. Aussi Dieu les multiplie aux grandes époques de Foi : mais aucun âge n'en est dépourvu, parce que la Foi subsistera toujours dans l'Église, et que l'humanité ne cessera jamais de croire au Dieu personnel et vivant qui gouverne en Maître un monde qu'il a produit de

____

(1) Cité dans la *Vie des Saints de Franche-Comté.*

rien, par sa volonté libre. Notre siècle, quoiqu'on en dise, a ses miracles ; il s'en fait tous les jours autour de nous : et tout esprit non prévenu qui voudra les examiner avec soin restera convaincu de l'existence du miracle. Non, mes frères, le bras de saint Claude n'est point raccourci ; et, nous pouvons comme nos pères, ressentir l'efficace de cette puissance miraculeuse qui a été la seconde et la principale gloire de son sépulcre.

III

Je tire la troisième de ce pèlerinage, un des plus célèbres de tout l'Occident, qui s'établit au tombeau de saint Claude, après que le bruit de ses miracles eût fait connaître partout la puissance du serviteur de Dieu.

Et ici encore, mes frères, admirez les voies de la providence de Dieu dans la glorification des humbles. Saint Claude, pendant sa vie mortelle, s'était soustrait, autant qu'il l'avait pu, aux honneurs humains : il avait demandé à la solitude cette existence oubliée et modeste qui est la condition des petits. Et voilà qu'après sa mort, au moment marqué par Dieu, tous se lèvent, princes et peuples, pontifs et rois, pour venir le saluer dans son tombeau, réclamer sa protection auprès de Dieu, ou le remercier comme leur libérateur. Et pendant toute une longue suite de générations, l'amour, pas plus que la confiance, ne se lasse dans le cœur des hommes : ce pauvre moine est plus honoré dans son sépulcre que n'importe quel roi sur son trône, à l'apogée de la grandeur. Ainsi Dieu se montre magnifique pour ses amis.

Vous n'attendez point de moi, mes frères, que je fasse passer devant vos yeux toutes les gloires de ce pèlerinage. Je ne vous rappellerai que les principales.

Dans le groupe nombreux des pèlerins dont l'histoire nous a conservé le nom, on voit se détacher d'abord, parmi les têtes couronnées, Amé V, comte de Savoie, qui se rendit en 1340, accompagné des seigneurs de sa cour, dans la ville sainte du Jura, pour y accomplir un vœu fait à Monseigneur saint Claude : après lui, Philippe-le-Hardi, duc de Bourgogne ; Philippe-le-Bon, son petit-fils ; et l'infortuné prince Charles-le-Téméraire, lequel, n'étant encore que comte de Charolais, vint faire hommage à son tour à l'humble abbé de Condat : à la suite des princes de la maison de Bourgogne, Louis XI dont le pèlerinage est plus célèbre et mieux connu.

Louis XI avait visité dès 1456 la célèbre abbaye et était demeuré très-dévot à saint Slaude. Comme il avait été voué en 1481 au bienheureux, lors d'une forte attaque d'apoplexie qui lui avait fait perdre la parole et le sentiment, incontinent, dit Comines (1), la parole lui revint : et l'année suivante, quand ses forces le lui permirent, il partit de Tours, accompagné de huit cents lances, et vint dans ce magnifique et imposant cortége, accomplir son vœu.

Saint Claude avait encore d'autres titres à la dévotion de Louis XI : je les dirai ici pour l'honneur de la religion et du pays. Sous Charles VII, en ces temps dou-

----

(1) *Mémoires* de Comines, livre v, ch. 7, cités dans la *Vie des Saints de Franche-Comté.*

loureux où l'Anglais fut à la veille de régner en France, ici, sur ces lieux mêmes, un ermite de saint Claude, Jean de Gand, priait avec larmes, prosterné tous les jours devant le Seigneur, pour la réconciliation de l'Angleterre et de la France et le salut du royaume très-chrétien. Un jour il se sent inspiré d'en haut d'aller trouver les deux rois ennemis : à Henri V que le succès avait rendu présomptueux et qui le repoussa avec mépris, il prédit que bientôt Dieu l'appellerait à son tribunal et que les Anglais seraient boutés hors du royaume de France : à Charles VII, dont il est accueilli avec bonté, il annonce que dans peu d'années il lui naîtrait un fils, selon ses désirs, et que Dieu lui donnerait la victoire sur ceux qui troublaient le royaume (1). Ce fils prédit vint au monde quatre ans plus tard et fut roi de France sous le nom de Louis XI ; la victoire, vous le savez, elle nous vint du Ciel par Jeanne d'Arc. Ces choses, les deux plus grandes de toutes, la religion et la patrie, l'Église et la France, j'étais bien aise, mes frères, de vous les montrer, près du tombeau de saint Claude, unies et associées, comme elles doivent l'être, dans l'âme de Jean de Gand. C'est en vain que de nos jours on voudrait les séparer ; l'histoire et la gloire de notre pays protesteront toujours. En demeurant catholiques, qu'on le sache bien, nous restons Français ; quand on croit à Jeanne d'Arc, on croit à la patrie.

Anne de Bretagne clôt cette première et illustre série de pèlerins. Pleine de dévotion envers saint Claude, elle

____

(1) Voir la vie du B. Jean de Gand, dans le tome III de la *Vie des Saints de la Franche-Comté.*

avait promis, si le ciel bénissait son alliance avec Louis XII, de donner le nom du bienheureux à l'enfant qui lui naîtrait : Dieu lui accorda une fille qui fut nommée Clauda au jour de son baptême, et la reine vint à Saint-Claude l'année suivante pour accomplir son pèlerinage. Ce nom de votre puissant patron, que se faisait gloire de porter une fille de France, et que cette même Anne de Bretagne donna à Clauda de Châlons, sa filleule, qu'elle tint sur les fonts baptismaux à Lons-le-Saunier, au retour de son pieux pèlerinage, donnez-le aussi, mes frères, à vos enfants ; aux fils principalement revient la gloire de porter le nom de leur père.

Mais les pèlerinages des princes ne doivent pas nous en faire oublier d'autres qui, pour être moins brillants, offrent peut-être quelque chose de plus touchant et aussi de plus glorieux au serviteur de Dieu. Ce sont des paroisses, des villes et des provinces entières, qui envoient chaque année des députations auprès du tombeau de saint Claude. Elles viennent jusque des régions les plus éloignées. On disait des Flamands, nous apprend un ancien auteur : « Il n'est pas enfant de bons pères et « mères qui n'aille en pèlerinage à Saint-Claude (1). » Qui ne sait que les Picards y avaient aussi leur pèlerinage annuel, lequel se fit longtemps d'une manière régulière, sans qu'on puisse assigner l'époque à laquelle il commença : l'histoire nous dit seulement comment, à leur arrivée sur les premières terres soumises au Réverendissime abbé, ils étaient accueillis et festoyés par les bons bourgeois de Moirans.

Ces nombreux pèlerins rapportaient du saint tombeau

____

(1) Des Guerrois, *La Sainteté chrétienne*, cité dans la *Vie de Saint Claude*.

quelques-uns de ces pieux objets, artistement travaillés, que multipliait déjà votre industrie, mes frères, et celle de ces montagnes. Grâce au pèlerinage toujours plus fréquenté, la petite ville du mont Jura avait grandi; dès le treizième siècle, le monastère ajouta au nom de Saint-Oyand, sous lequel il était désigné, celui de Saint-Claude, jusqu'à ce que la gloire de ce dernier nom, ayant absorbé en lui toutes les autres gloires de Condat, il servit désormais seul à désigner et l'abbaye et la ville. Quel glorieux sépulcre que cette cité qui se forme autour du corps de l'humble abbé, qui porte son nom, s'abrite sous sa protection et monte à tous les instants une garde d'amour près de ses restes vénérés!

Du pèlerinage qui l'a créée je ne vous dirai plus qu'une seule gloire, mais la plus pure de toutes. Saint François de Sales et sainte Jeanne-Françoise de Chantal le visitèrent au commencement du dix-septième siècle. Il avait été dit dans une vision à la sainte veuve, qui ne savait encore ce que Dieu demandait d'elle: « Jamais « tu n'entreras au sacré repos des enfants de Dieu que « par la porte de saint Claude. » C'est là, en effet, auprès des reliques insignes de l'humble et doux pontife, avec lequel, comme nous l'avons dit, il avait tant de conformité, que le pieux évêque de Genève accepta définitivement la direction de madame de Chantal: et ce jour-là, 22 août 1604, furent posés dans l'âme de la sainte les fondements de cet édifice spirituel qui devait tant réjouir l'Église (1).

Ainsi la gloire rayonnait du tombeau de saint Claude.

____

(1) *Histoire de Sainte Chantal*, par M. l'abbé Bougaud, tome Ier, ch. 6.

Non content de visiter son pèlerinage, les fidèles, dès le commencement du dix-septième siècle, commencèrent à former de pieuses confréries en son honneur, familles spirituelles qui lui naissaient sur tous les points de la France et lui rassemblaient en tous lieux des enfants. La première, enrichie d'indulgences par Paul V, s'établit au monastère même. On les compta bientôt nombreuses au diocèse de Besançon et dans beaucoup de villes de la Bourgogne : celle d'Autun en particulier est une des plus anciennes et des plus célèbres. Paris en avait trois : elles se multiplièrent en Picardie et dans la Vendée.

C'est beaucoup, mes frères, pour la glorification de saint Claude, que la conservation pendant onze siècles de son corps incorruptible, que les nombreux et éclatants miracles opérés sur son tombeau, que cet illustre pèlerinage dont je viens de vous rappeler les gloires. Et pourtant, Dieu fit plus encore pour son serviteur.

IV

Rome, le centre de l'Unité Catholique, est dans l'Église la source de la glorification comme le foyer de toute sainteté. Une gloire ne devient vraiment catholique qu'à la condition d'y obtenir droit de cité, et de rayonner de là sur toute l'Église.

Sans doute, mes frères, Rome avait canonisé la gloire de saint Claude et en avait fait une gloire catholique, en insérant le nom du pontife dans son martyrologe : mais jusqu'au milieu du dix-septième siècle, le culte de notre saint, universel dans l'Église de France, n'avait point été introduit dans la Ville éternelle. Il fallait pourtant que saint Claude eût son église, dans la cité de Pierre, à côté des grandes basiliques et des sanctuaires les plus révérés de la religion, entre ces églises nationales qui s'appellent Saint-Jérôme des Esclavons, Saint-Antoine des Portugais, Saint-Jean des Florentins, Saint-Louis des Français, Saint-Yves des Bretons, Saint-Nicolas des Lorrains, etc. Cette faveur, Dieu nous l'a accordée.

Quand vous êtes à Rome, vous rencontrez, dans le voisinage du Corso, deux rues dont l'inscription fait battre votre cœur si vous êtes Franc-Comtois : l'une porte le nom de *Rue de Bourgogne*, l'autre celui de *Rue de Saint-Claude*. Engagez-vous le cœur ému dans cette région de la ville : bientôt vous arrivez à une petite place qu'on appelle encore aujourd'hui *Saint-Claude-des-Bourguignons*, et vous vous trouvez en face d'une modeste église, au frontispice de laquelle est écrit : *La nation du Comté de Bourgogne a dédié cette église à saint André apôtre, et à saint Claude évêque.* Nul doute, mes frères, nos pères ont passé par là : sur cette terre, qui sait conserver et éterniser toute gloire, ils ont élevé ce monument de leur piété et de leur dévotion à saint Claude.

C'était à la suite de cette guerre de *dix ans* qui avait réduit la Franche-Comté à un si triste état et livré tout le pays à la plus affreuse famine. Plus de dix mille Bourguignons, forcés de s'expatrier, gagnèrent Rome, la patrie commune des chrétiens, cette ville, la nôtre à tous, qui demeurera la ville du Pontife, le Chef de ses

États, parce qu'elle est la Cité chérie de Dieu, la Cité défendue par les prières et le sang des catholiques et que protége l'épée de la France. Et nos pères se firent là au cœur de la catholicité, cette église qui, tout en leur rappelant la patrie absente, devait être une consécration solennelle de la gloire de notre saint.

Que nous aimons à le retrouver à Rome, ce sanctuaire de saint Claude! Vous l'avez visité Monseigneur, et vous étiez justement fier en entrant dans cette église qui glorifie si admirablement, près du tombeau des saints Apôtres, le nom du peuple dont vous êtes le prince. Il vous a été doux surtout d'y prier le puissant protecteur de votre cité et de tout le diocèse, le pontife qui, après s'être sanctifié sur cette terre devenue la vôtre, partage maintenant au Ciel le trône de Pierre, et de lui demander la conservation parmi nous de la foi romaine. L'un de vos vénérables prédécesseurs sur ce siége, Mgr Mabile, aujourd'hui évêque de Versailles, a voulu satisfaire sa piété, toujours généreuse, envers l'église de saint Claude à Rome, en la faisant participer, par le don d'une parcelle des reliques miraculeuses, à ce qui nous reste du riche trésor d'autrefois. C'est un lien, Monseigneur, qui rattache ce sanctuaire à votre cathédrale et nous le rend toujours plus cher.

Depuis notre réunion à la France, l'église de saint Claude à Rome, n'est plus celle de la nation du comté de Bourgogne. Nous ne sommes point là pour la desservir, et former auprès d'elle, une communauté ecclésiastique franc-comtoise. Mais le gouvernement de notre pays s'est inspiré de nos anciennes et généreuses traditions nationales, en remettant, de nos jours, la garde

de Saint-Claude-des-Bourgignons aux Pères Polonais de
la Résurrection. Comme nos pères ils pleurent là une
patrie absente, que dis-je, une patrie détruite ! Plus
malheureux qu'eux, ils ont à gémir tous les jours sur
les douleurs et la persécution de l'Église dans leur infortuné pays. Le nom de saint Claude, dans leurs prières
quotidiennes pour la résurrection d'une Pologne catholique, est mêlé aux noms de saint Casimir, de saint Josa-
phat, l'archevêque Martyr, de tous ces héros et saints
qui plaident devant Dieu la cause d'une nation tant défendue et aimée par les pontifes Romains, et dont la cause
demeurera toujours chère à la France. C'est, mes frères, une consolation pour nous, aussi bien qu'une nouvelle gloire de notre bienheureux.

V

Mais nous n'en avons pas fini avec les gloires de
saint Claude. Il est un dernier acte de la Providence, dans sa conduite sur le serviteur de Dieu, qui
nous touche de près, et sur lequel je ne pouvais me
taire. Je veux parler de l'érection que fit, en 1754, le
grand pape Benoît XIV, de l'église abbatiale de Saint-
Claude en église cathédrale. Il y avait là, vous le verrez,
une admirable mesure de prévoyance divine pour perpétuer la gloire du tombeau de notre saint, et en même
temps une glorification dernière de son humilité.

En 1742 se préparait déjà l'orage terrible qui devait
gronder, à la fin du siècle, sur la France, et emporter
dans une tourmente révolutionnaire, dont l'histoire

n'offre pas d'exemples, tant d'institutions de l'église gallicane, chères à la piété de nos pères. Dieu voyait d'avance la suppression irrémédiable de l'abbaye de Saint-Claude; il voyait, hélas! cet attentat sacrilége qui devait ravir à votre ville et à la dévotion des peuples ce corps vénéré auprès duquel affluèrent tant de générations. Si sa sagesse alors n'eut rien disposé pour son serviteur et pour vous, c'en serait fait aujourd'hui de l'antique établissement de Condat : comme Luxeuil, vous ne seriez plus qu'un nom. Mais le Seigneur a voulu défendre le tombeau de saint Claude contre l'oubli: et pour cela, il lui a préparé une église cathédrale, une église qui se relèverait au lendemain de la tempête, qui même se dilaterait pour recevoir un plus grand peuple; et de votre ville, mes frères, il a fait une cité, la cité épiscopale.

Le prince des Apôtres, choisi pour protecteur de Condat, s'était vu dédier cette première église du monastère fondée par saint Romain, et dans laquelle sont venues prier tant de générations de saints moines. Sur son emplacement, les religieux, dès la fin du quatorzième siécle, avaient jeté les fondements de la belle église qui nous réunit dans sa vaste enceinte. Quand elle fut terminée, saint Pierre en agréa l'hommage, la déclara sienne à un nouveau titre, et en fit une église, qu'il donnerait à un des vénérables frères de cette famille sacerdotale dont il est le chef. Un évêque, fiancé tout jeune à cette nouvelle église de Saint-Claude qu'il devait gouverner si sagement pendant de longues années, Monseigneur Méallet-de-Fargues, de sainte et heureuse mémoire, prit possession de la cathédrale Saint-

Pierre, et y fit transférer solennellement, avec les insignes reliques de saint Oyand et celles des saints abbés et moines, le corps vénéré du Bienheureux. Ce fut, à la veille des mauvais jours, un grand et magnifique triomphe.

J'ai dit aussi, mes frères, que dans l'érection du siége épiscopal de Saint-Claude, il y avait une glorification dernière de l'humilité du serviteur de Dieu. Voyez en effet l'admirable contraste d'humilité et de gloire, ménagé par la Providence. Saint Claude était descendu de son trône d'évêque, pour revenir occuper son humble chaire d'abbé : Dieu, quand les moments sont venus, prend cette chaire d'abbé, en fait dans son Église une chaire épiscopale, la chaire de Saint-Claude, et c'est sur elle, Monseigneur, que vous êtes assis. L'évêque de l'insigne église de Besançon avait laissé tomber de ses mains ce bâton pastoral qui pesait trop à son humilité, pour ne porter plus que sa crosse abbatiale : et voilà que Dieu convertit cette humble crosse de l'abbé en bâton pastoral ; il le met pour toujours à la main d'un évêque ; et c'est, Monseigneur, la houlette de Jésus-Christ qui nous régit dans votre main. Elle était grande, avec son noble chapitre, cette église abbatiale qui servait de tombeau à saint Claude : mais, la dignité et l'illustration de ses membres eût-elle toujours été relevée par la piété des anciens moines, elle ne le céderait pas moins à l'Église d'aujourd'hui.

Église cathédrale de Saint-Claude, tu es l'autel de notre pontife, le siége de notre maître particulier de la vérité, le trône du prince spirituel qui nous gouverne ; par toi, nous formons, multitude de fidèles, une unité sainte et vivante, fondue, en l'unité de Rome, dans ce beau tout un et indivisible qui est l'Église de Jésus-Christ ; aussi, église de Saint-Claude , cité épiscopale, tu peux être fière de ta grandeur : Dieu a fait pour toi tout ce qu'il pouvait faire.

Un instant, on t'a vu disparaître dans la tempête : tu étais veuve et désolée, sans enfants à toi , ayant perdu ton nom d'église, ta vie propre d'église. Dieu a eu pitié de toi ; il t'a relevée, et du nord te sont venus des enfants plus nombreux que tu ne connaissais pas encore : mais leurs pères avaient été des ouailles chéries du pontife Claude ; c'est le prince des pasteurs qui te les a envoyés : et ils ont fait de toi un grand peuple.

Te voilà désormais immortelle, et tu portes pour toujours ce beau nom d'église cathédrale ; car rien ne périt dans l'église de Dieu. Rome ancienne n'a rien pu pour défendre contre l'oubli le vieux nom de ses préteurs : que serait devenu le nom des Claudius, si l'Église ne l'avait consacré pour le faire vivre ? mais depuis qu'il est devenu le nom d'un saint, le titre d'un évêque, c'est un nom catholique et universel comme l'Église. Quand le successeur de Pierre se tourne vers ses frères dans l'épiscopat, pour remplir vis-à-vis eux les fonctions de pasteur des évêques, il y a, émanant de Rome et inscrite dans les fastes de l'Église, une lettre à son vénérable Frère *l'Évêque de Saint-Claude, dans les Gaules* : quand, réunis autour du Pontife, les évêques du monde catholique formeront cette assemblée universelle qui tient le monde dans l'attente, sur les bancs du concile siégera, entre les pères et les juges, l'Évêque de Saint-Claude dans les Gaules.

Aussi bien, église de Saint-Claude, tu es une belle et sainte couronne sur la tête de l'époux. Ton nom, jusqu'à ce pontife que tant de pieuses et aimables vertus nous rendent si cher, a été porté par des évêques qui ont montré dans leur personne les bienfaits d'une longue et sage administration, la confession de l'exil, l'esprit de foi antique, l'attachement jaloux aux droits de Pierre, la science ecclésiastique unie à la plus suave charité. C'est le nom d'une terre que n'a jamais souillée l'erreur, de la terre sainte du Jura, le nom en qui se résument toutes les grandeurs de Condat. C'est le nom du grand saint que Dieu a mis un soin particulier à honorer et dont j'ai essayé de te redire les gloires.

Et maintenant, mes frères, tournons-nous vers le grand pontife que les abaissements de sa vie mortelle ont rendu si puissant auprès de Dieu. Il est, lui avons-nous dit avec l'Eglise, l'ami de ses frères : *Hic est fratrum amator;* c'est lui qui répand d'abondantes prières pour le peuple et pour toute la sainte cité : *Hic est qui multùm orat pro populo et universâ civitate.*

Priez donc, ô saint Claude, pour toute la sainte cité. — Priez pour la Cité Universelle, pour l'Eglise de Dieu si cruellement éprouvée de nos jours : Que le Pontife qui la gouverne avec tant de sagesse et de force voie les années de Pierre, et qu'il lui soit donné d'assister au prochain et éclatant triomphe de la cause de Dieu parmi les hommes. — Priez, ô saint pontife, pour cette Eglise qui se glorifie de porter votre nom et dont vous êtes constitué le protecteur auprès de Dieu : Que votre esprit soit toujours avec l'Ange de l'église de Saint-Claude, et qu'on voie continuées en nous, prêtres de ce beau diocèse, les vertus simples et graves qui ont valu au clergé de ces contrées sa réputation de piété, de modestie et de science. Faites fleurir nos établissements ecclésiastiques : multipliez les vocations saintes qui enrichiront la tribu sacerdotale et nous permettront, en menant à bien l'œuvre de Dieu, de donner de notre superflu aux Communautés et aux Missions; bénissez ces voix si pures dont le chant suave et monacal semble ici, sous ces voûtes sacrées, un écho de celui des moines de Saint-Oyand ; fécondez, dans les âmes généreuses où Dieu les aurait jetées, les germes de vie religieuse qui demandent à éclore près de votre tombeau. — O père de tous, voyez ce peuple nombreux qui remplit la basilique, et vient s'agenouiller et prier devant vos reliques vénérées. Ce sont bien les enfants des patriarches de Condat et de Lauconne. Quand, ce matin, Lupicin s'est levé de sa couche quatorze fois séculaire pour venir, entouré de sa religieuse famille, saluer au jour de sa fête le glorieux abbé de Condat, et que, précédé à votre tour de tous ces enfants dévoués, vous êtes allé recevoir à l'entrée de votre cité le frère de Romain, dans l'embrassement qu'à ce moment solennel se sont donné vos âmes dans la gloire, vous pouviez contempler du haut du Ciel tout un peuple qui, à travers les vicissitudes de tant d'âges, vous est demeuré fidèle. O saints patriarches, dont les reliques sont publiquement exposées au milieu de nous, Lupicin, Oyand, Claude, conservez à ce peuple de votre cité, à ces populations de nos montagnes, l'esprit de religion de leurs ancêtres. Gardez-leur, au milieu de cette diminution de vérités qui est la peste de notre âge, la foi antique, cette foi qui seule conserve les mœurs, fait les races fortes et patriotiques et qui est l'unique ressource de la Société et de l'État, aussi bien que la condition nécessaire de salut pour l'homme. — Saint protecteur du diocèse, embrassez dans votre amour tous ces nombreux enfants dont les pères vous ont eu pour pasteur. Défendez-les contre l'ennemi du genre humain. Pendant longtemps, SAINT CLAUDE a été le cri de guerre de nos montagnes. Aujourd'hui que la plus désolante incrédulité menace d'exercer partout ses ravages et de séparer des vrais fidèles, dans le troupeau du Christ, ceux en qui la foi n'aura que de faibles racines, que notre cri de guerre soit encore SAINT CLAUDE. Que ce cri sacré, qui refoula autrefois l'hérésie de Genève, et l'empêcha de traverser nos montagnes, refoule aujourd'hui encore l'incrédulité : qu'il soit notre signe de raliement : qu'il nous trouve groupés tous autour de l'étendard du Christ et de la sainte Église. — O saint Claude, nous voulons que votre culte et votre gloire ne se diminuent point parmi nous. Cette autre maison d'Obédedom, où fût caché pendant les mauvais jours ce que la Providence nous a miséricordieusement conservé de vos reliques miraculeuses, voilà que la piété de tous, encouragée par le premier pasteur, se prépare à vous en faire un sanctuaire qui vous rendra encore plus présent à toute la cité, en même temps qu'il sera notre commune action de grâces pour le bienfait de Dieu. Elle nous est chère cette précieuse relique qui reste à vos enfants. C'est votre bras, le bras qui protége et défend, le bras qui montre le Ciel, le bras qui s'abaisse quand la bénédiction descend. Qu'elle descende sur nous, cette bénédiction si désirée, par la main de Monseigneur !

Ainsi-soit-il.

NOTE

Sur la chronologie de la vie de saint Claude.

Quoique saint Claude soit l'un des plus distingués et des mieux connus des prélats qui ont occupé le siége de Besançon, la chronologie de sa vie ne laisse pas d'offrir de grandes difficultés.

Tous s'accordent pour dire qu'il fut chanoine à vingt ans, qu'il demeura douze ans agrégé au chapitre de la Métropole, que pendant sept ans il gouverna l'église de Besançon, et que le reste de sa longue vie se passa à l'abbaye de Condat ou Saint-Oyand-de-Joux. Mais à quel temps précis faut-il fixer chacune de ces époques de sa vie ? La chose est malaisée à déterminer.

Nous n'avions point à entrer dans cette controverse dont la solution n'est nullement nécessaire au panégyriste de saint Claude. Un seul point nous importait : celui de savoir si saint Claude, comme il est rapporté dans la plus longue de ses légendes imprimées dans Bollandus, était archevêque de Besançon au moment où il se retira au monastère de Saint-Oyand ; ou bien si de chanoine il se fit d'abord religieux, n'étant devenu que plus tard archevêque de Besançon, et ayant renoncé à son siége pour revenir mourir à Condat.

Nous nous sommes conformés au dernier sentiment, comme

étant le seul défendu par les savants et érudits de notre province, tels que Dunod, Chifflet, etc., et généralement suivi de nos jours. — Dunod, *Histoire de l'Eglise de Besançon,* tome 1er, p. 67, montre très-bien qu'il répugne que saint Claude ait été archevêque de Besançon avant que d'avoir été abbé de Saint-Oyand. Il est prouvé, dit-il, par des monuments certains, que le siége de Besançon était rempli par saint Donat, à l'époque où l'on serait forcé, d'après le premier système, de placer les sept ans d'épiscopat de saint Claude : et saint Claude ne succéda qu'en quatrième lieu à l'évêque Donat.

Au reste, que l'on adopte l'un ou l'autre de ces sentiments, la figure de saint Claude reste au fond la même pour le panégyriste. C'est toujours la même fuite des honneurs et le même progrès dans les abaissements.

Lons-le-Saunier, imp. Gauthier frères.

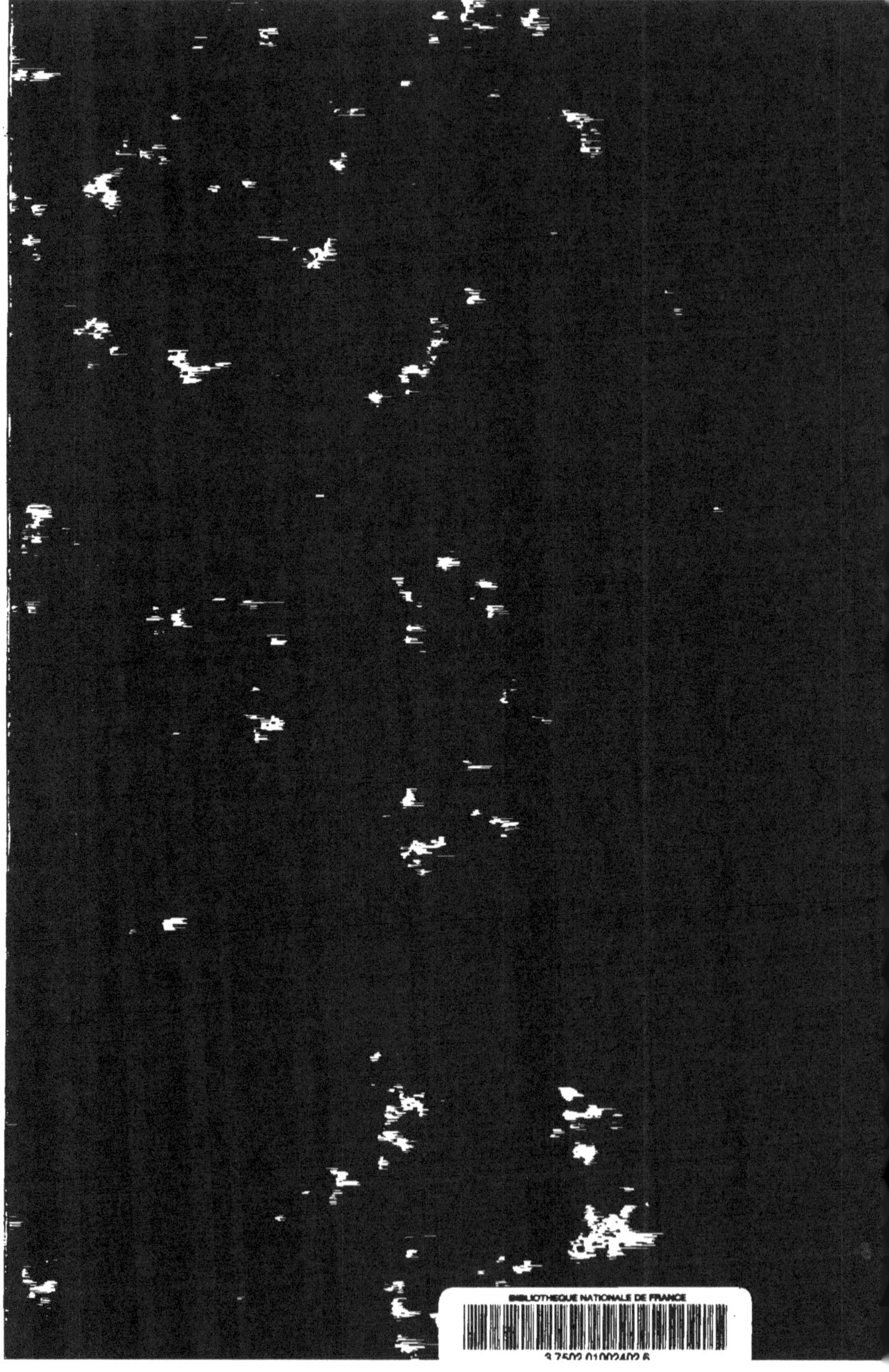